Matthias Fiedler

Il-Kunċett ta' Tqabbil Propjetà Immobbli Innovativi: Real Estate Senserija Magħmul Faċli

Tqabbil ta' Propjeta Immobbli: Effiċjenti, faċli u professjonali proprjetà immobbli senserija ma' portal ta' tqabbil innovattiv ta' proprjetà immobbli

Pubblikazzjoni Dettalji - Impressum | Avviż legali

1.Edition kif Stampa Book | Frar 2017
(Ppubblikat oriġinarjament bil-Ġermaniż, Diċembru 2016)

© 2016 Matthias Fiedler
Matthias Fiedler
Erika-von-Brockdorff-Str. 19
41352 Korschenbroich
Il-Ġermanja
www.matthiasfiedler.net

Stampar u l-produzzjoni:
Ara marka fuq l-aħħar paġna

Qoxra Disinn: Matthias Fiedler
Ħolqien ta 'lE-Ktieb: Matthias Fiedler

ISBN-13 (Paperback): 978-3-947184-97-2
ISBN-13 (mobi E-Book): 978-3-947184-45-3
ISBN-13 (E-Book epub): 978-3-947184-46-0

informazzjoni biblijografika tad-Deutsche Nationalbibliothek: Deutsche Nationalbibliothek rekords din il-pubblikazzjoni tad-Deutsche Nationalbibliografie; data bibliografika dettaljati huma mogħtija fuq l-Internet http://dnb.d-nb.de.

SOMMARJU

Dan il-ktieb jispjega kunċett rivoluzzjonarju
għal portal ta' tqabbil ta' proprjetà immobbli
minn madwar id-dinja (app) bil-kalkolu tal-
bejgħ konsiderevoli potenzjali (Biljun Dollaru),
li huwa integrat fis-softwer ta' aġenzija ta'
propjeta immobbli inkluż l-evalwazzjoni tal-
proprjetà immobbli (Triljun Dollaru potenzjal ta'
bejgħ).

Dan ifisser li proprjetà immobbli residenzjali u
kummerċjali, kemm jekk intix sid okkupanti jew
mikrija, tista' tiġi mogħtija b'senserija b'mod
effiċjenti u b'mod li jiffranka l-ħin. Huwa l-futur
tal-senseriji innovattivi u professjonali ta'
proprjetà immobbli għall-aġenti kollha tal-
proprjetà immobbli u sidien tal-proprjetà. It-
tqabbil tal-proprjetà immobbli jaħdem kważi fil-
pajjiżi kollha u anke madwar il-pajjiżi.

Minflok "li jġibu" proprjetajiet lix-xerrej jew kerrej, b'portal ta' tqabbil ta' proprjetà immobbli, ix-xerrejja potenzjali jew kerrejja jistgħu jiġu kkwalifikati (profil tat-tiftix) u mbagħad imqabbel u marbuta mal-proprjetajiet offruti mill-aġenti tal-proprjetà immobbli.

WERREJ

INTRODUZZJONI

Fl-2011 ikkonċepejt u żviluppajt l-idea deskritta hawn għal proċess innovattiv ta' tqabbil tal-proprjetà immobbli.

Mill-1998 kont involut fin-negozju tal-proprjetà immobbli (inkluż senserija ta' proprjetà immobbli, xiri u bejgħ, valutazzjoni, kiri, u żvilupp ta' proprjetà). Jien realtatur (IHK), ekonomista fil-proprjetà immobbli (ADI) u espert iċċertifikat fil-valutazzjoni tal-proprjetà immobbli (DEKRA) kif ukoll bħala membru tal-assoċjazzjoni tal-proprjetà immobbli rikonoxxuta internazzjonalment tat-Royal Institution of Chartered Surveyors (MRICS).

Matthias Fiedler
Korschenbroich, 2016/10/31
www.matthiasfiedler.net

1. Il-Kunċett ta' Tqabbil tal-Propjetà Immobbli Innovattivi: Senserija Magħmul Faċli

Tqabbil tal-Propjetà Immobbli: Senserija ta' proprjetà immobbli effiċjenti, faċli u professjonali b'portal ta' tqabbil ta' proprjetà immobbli innovativ

Minflok ma "jġibu" proprjetajiet lix-xerrej jew kerrej, bil-portal tat-tqabbil ta' proprjetà immobbli (app), ix-xerrejja potenzjali jew kerrejja jistgħu jiġu kkwalifikati (profil tat-tiftix) u mbagħad imqabbla u marbuta mal-proprjetajiet offruti mill-aġenti tal-proprjetà immobbli.

2. Għanijiet ta' xerrejja potenzjali jew Kerrejja u Proprjetà Bejjiegħa

Mill-perspettiva tal-bejjiegħa tal-proprjetà immobbli u mis-sidien, huwa importanti li jbiegħu jew jikru l-proprjetà tagħhom malajr u fl-ogħla prezz possibbli.

Mill-perspettiva tax-xerrejja potenzjali u kerrejja, huwa importanti li ssib il-proprjetà t-tajba għall-bżonnijiet tagħhom u jkunu jistgħu jikru jew jixtru malajr u faċli kemm jista' possibbli.

3. Approċċi preċedenti għat-Tiftix ta' Propjeta Immobbli

Ġeneralment, ix-xerrejja potenzjali tal-proprjetà immobbli jew kerrejja jużaw portali kbar onlajn tal-proprjetà immobbli biex tfittxu proprjetajiet fir-reġjun preferut tagħhom. Hemm, huma jista' jkollhom proprjetajiet jew lista ta' ħoloq rilevanti għall-proprjetajiet mibgħuta lilhom bil-posta elettronika ladarba jkunu stabbilixxew profil ta' tfittxija qasira. Dan isir spiss fuq 2 sa 3 portali tal-proprjetà immobbli. Wara, il-bejjiegħ huwa ġeneralment kkuntattjat permezz ta' emejl. Bħala riżultat, il-bejjiegħ jew is-sid ikolu l-opportunità u l-permess biex jagħmel kuntatt mal-parti interessata.

Barra minn hekk, ix-xerrejja potenzjali jew kerrejja jikkuntattjaw aġenti individwali tal-proprjetà immobbli fir-reġjun tagħhom u profil ta' tfittxija jonħoloq għalihom.

Il-fornituri dwar il-portali tal-proprjetà immobbli ġejjin kemm mill-privat u s-settur tal-proprjetà immobbli kummerċjali. Fornituri kummerċjali huma b'mod predominanti aġenti tal-proprjetà immobbli u f'xi każijiet kumpaniji tal-kostruzzjoni, sensara tal-proprjetà immobbli u kumpaniji oħra tal-proprjetà immobbli (f'dan it-test, il-fornituri kummerċjali huma msemmija bħala aġenti tal-proprjetà immobbli).

4. Żvantaġġ ta Bejjiegħa Privat/Vantaġġ ta' Aġenti tal-Propjetà Immobbli

Bil-proprjetajiet immobbli għall-bejgħ, il-bejjiegħa privati ma jistgħux dejjem jiggarantixxu bejgħ immedjat. Fil-każ ta' proprjetà li ntirtet, per eżempju, ma jistax ikun hemm kunsens fost il-werrieta jew iċ-ċertifikat ta' wirt jista' jkun nieqes. Barra minn hekk, kwistjonijiet legali mhux ċari bħad-dritt ta' residenza jista' jikkomplika l-bejgħ.

Għal proprjetajiet għall-kiri, jista' jiġri li sid il-kera privat ma jkunx irċieva l-permessi uffiċjali, per eżempju dawk meħtieġa biex jikru spazju kummerċjali bħala residenza.

Meta aġent immobiljaru qed jaġixxi bħala fornitur, ikunu ġeneralment diġà ċċarati l-aspetti li ssemmew qabel. Barra minn hekk, id-dokumenti kollha rilevanti tal-proprjetà immobbli (il-pjan tal-art, il-pjanta, iċ-ċertifikazzjoni tal-enerġija, ir-reġistru ta' titolu, id-dokumenti uffiċjali, eċċ) huma normalment diġà disponibbli. Bħala riżultat, il-bejgħ jew kiri jista' jiġi kompletat malajr u mingħajr kumplikazzjonijiet.

5. Tqabbil ta' Propjetà Immobbli

Sabiex jaqblu max-xerrejja interessati jew il-kerrejja mal-bejjiegħa jew sidien malajr u b'mod effiċjenti kemm jista' jkun, huwa ġeneralment importanti li jittieħed approċċ sistematiku u professjonali.

Dan isir hawn b'approċċ (jew proċess) li huwa ffokat b'mod invers fuq il-proċess ta' tiftix u s-sejba bejn aġenti tal-proprjetà immobbli u l-partijiet interessati. Dan ifisser li minflok "jġibu" proprjetajiet lix-xerrej jew kerrej, bil-portal tat-tqabbil tal-proprjetà immobbli (app), ix-xerrejja potenzjali jew kerrejja jistgħu jiġu kkwalifikati (profil tat-tiftix) u mbagħad imqabbel u marbuta mal-proprjetajiet offruti mill-aġenti tal-proprjetà immobbli .

Fl-ewwel pass, x-xerrejja potenzjali jew kerrejja jwaqqfu profil ta' tiftix speċifiku fil-portal tat-tqabbil tal-proprjetà immobbli. Dan il-profil tat-tiftix jinkludi madwar 20 karatteristika. Il-karatteristiċi li ġejjin jistgħu jiġu inklużi (mhux lista kompluta) u huma essenzjali għall-profil tat-tiftix.

- Reġjun / Kodiċi Postali / Belt
- Tip ta' oġġett
- Daqs tal-proprjetà
- żona fejn jgħixu
- Prezz tax-xiri
- Sena ta' manifattura
- Stejjer
- Numru ta' kmamar
- Mikrija (iva/le)
- Kantina (iva/le)
- Gallarija/Terrazzin (iva/ le)
- Metodu ta' tisħin
- Spazju għall-parkeġġ (iva/le)

Importanti hawnhekk huwa li l-karatteristiċi mhumiex imddaħħla manwalment, iżda minflok huma magħżula billi tikklikkja jew tiftaħ l-oqsma rilevanti (eż, it-tip ta' proprjetà) minn lista ta' possibbiltajiet predeterminati/alternattivi (għat-tip ta' proprjetà: appartament, dar tal-familja waħda, maħżen, uffiċċju, eċċ).

Jekk mixtieq, il-partijiet interessati jistgħu jwaqqfu profili tat-tiftix addizzjonali. Il-modifika tal-profil tat-tiftix huwa wkoll possibbli.

Barra minn hekk, ix-xerrejja potenzjali jew kerrejja jdaħlu dejta ta' kuntatt sħiħa fl-oqsma speċifikati. Dawn jinkludu l-aħħar isem, l-ewwel isem, it-triq, in-numru tad-dar, il-kodiċi postali, il-belt, it-telefon, u l-indirizz tal-posta elettronika.

F'dan il-kuntest, il-partijiet interessati jagħtu l-kunsens tagħhom li jkunu kkuntattjati u li jirċievu l-proprjetajiet li jaqblu mill-aġenti tal-proprjetà immobbli.

Il-partijiet interessati b'dan jidħlu wkoll f'kuntratt mal-operatur tal-portal tqabbil tal-proprjetà immobbli.

Fil-pass li jmiss, il-profili tat-tiftix qed isiru disponibbli għall-aġenti tal-proprjetà immobbli konnessi, għad mhumiex viżibbli, permezz ta' interfaċċa ta' programmazzjoni applikazzjoni (api) - per eżempju simili għall-ipprogrammar Ġermaniż interface "openimmo". Għandu jkun innotat hawn li din l-interfaċċa ta' programmazzjoni - bażikament l-muftieħ għall-implimentazzjoni - għandha tappoġġja jew trasferiment ta' garanzija għal kważi kull proprjetà immobbli ta' softwer soluzzjoni li qed jintużaw bħalissa. Jekk dan ma jkunx il-każ, għandu jsir teknoloġikament possibbli. Minħabba li hemm interfaċċji ta' programmazzjoni diġà fl-użu, bħal dawk imsemmija qabel "openimmo", kif ukoll oħrajn, jeħtieġ li jkun possibbli li jittrasferixxu l-profil tat-tiftix.

Issa l-aġenti tal-proprjetà immobbli iqabblu l-profil bi proprjetajiet tagħhom fis-suq bħalissa. Għal dan il-għan, il-proprjetajiet jittellgħu fil-portal ta' tqabbil ta' proprjetà immobbli u mqabbla u marbuta mal-karatteristiċi rilevanti.

Wara li l-paragun ikun tlesta, rapport li juri t-tqabbila f'persentaġġ huwa ġġenerat. B'bidu ta' tqabbila ta' 50%, il-profil tat-tiftix huwa magħmul viżibbli għas-softwer tal-aġenzija tal-propjetà immobbli.

Il-karatteristiċi individwali huma ppeżati kontra xulxin (sistema ta' punti) sabiex wara li jitqabblu l-karatteristiċi, persentaġġ għal tqabbil (probabbiltà ta' taqbila) huwa determinat. Per eżempju, il-karatteristika ta' "tip ta' proprjetà" hija peżata ogħla mill-karatteristika ta' "żona fejn jgħixu". Barra minn hekk, ċerti karatteristiċi (eż kantina) jistgħu jiġu magħżula li l-proprjetà għandha neċessarjament ikollha.

Waqt li jkunu qed jitqabblu l-karatteristiċi għal tqabbil, għandu jiġi żgurat ukoll li l-aġenti tal-proprjetà immobbli biss ikollhom aċċess għar-reġjuni tagħhom mixtieqa (debitat). Dan inaqqas l-isforz għat-tqabbil tad-dejta. Dan huwa partikolarment importanti meta wieħed iqis li aġenziji immobbiljari spiss joperaw fuq bażi reġjonali. Għandu jkun innotat hawn li permezz ta' soluzzjonijiet 'cloud', huwa possibbli llum biex jinħażnu u jipproċessaw ammonti kbar ta' dejta.

Sabiex tiġi garantita senserija tal-proprjetà immobbli professjonali, l-aġenti tal-proprjetà immobbli biss jirċievu aċċess għall-profili tat-tiftix.

Għal dan il-għan, l-aġenti tal-proprjetà immobbli jidħol f'kuntratt mal-operatur tal-portal ta' tqabbil tal-proprjetà immobbli.

Wara t-tqabbil rilevanti, l-aġent immobiljari jista' jikkuntattja l-interessat, u bil-maqlub il-partijiet interessati jistgħu jikkuntattjaw lill-aġenzija ta' beni immobbli. Jekk l-aġent immobiljari bagħat rapport lix-xerrej potenzjali jew kerrej, dan ifisser ukoll li rapport ta' attività jew talba ta' aġent għall-kummissjoni proprjetà immobbli huwa dokumentat fil-każ ta' bejgħ tlesta jew kirja.

Dan huwa bil-kundizzjoni li l-aġent immobiljari hija mikrija mis-sid tal-proprjetà (bejjiegħ jew sid) għat-tqegħid tal-proprjetà jew li l-kunsens ikun ingħatalhom sabiex li joffru l-proprjetà.

6. L-Ambitu tal-Applikazzjoni

It-tqabbil tal-proprjetà immobbli deskritt hawnhekk huwa applikabbli għall-bejgħ u l-kiri tal-proprjetà immobbli fis-settur residenzjali u kummerċjali. Għall-beni immobbli kummerċjali, huma meħtieġa l-karatteristiċi addizzjonali rispettivi tal-proprjetà immobbli.

Jista' jkun hemm ukoll l-aġent tal-proprjetà immobbli fuq in-naħa tax-xerrejja potenzjali jew kerrejja, kif spiss isir fil-prattika, per eżempju jekk kien ikkummissjonat mill-klijenti.

F'termini ta' reġjuni ġeografiċi, il-portal ta' tqabbil tal-proprjetà immobbli huwa applikabbli f'kważi kull pajjiż.

7. Vantaġġi

Dan il-proċess ta' tqabbil tal-proprjetà immobbli joffri vantaġġ kbir għall-xerrejja potenzjali u bejjiegħa, kemm jekk qed ifittxu fil-qasam tagħhom stess (post ta' residenza) jew qed jiċċaqilqu għal belt differenti jew reġjun għal raġunijiet relatati max-xogħol.

Huma għandhom jidħlu biss fil-profil ta' tfittxija tagħhom darba biex jirċievu l-informazzjoni dwar it-tqabbil tal-proprjetajiet minn aġenti tal-proprjetà immobbli li joperaw fir-reġjun mixtieqa.

Għall-aġenti tal-proprjetà immobbli, dan jipprovdi vantaġġi kbar f'termini ta' effiċjenza u l-frankar ta' għall-bejgħ jew kiri.

Huma jirċievu deskrizzjoni mmedjata ta' kemm hija għolja l-potenzjal għal partijiet interessati konkreti dwar kull proprjetà rispettiv offruti minnhom.

Barra minn hekk, l-aġenti tal-proprjetà immobbli jistgħu javviċinaw direttament il-grupp fil-mira rilevanti tagħhom, li għandha tingħata xi ħsieb speċifiku għall-propjetà "tal-ħolma" tagħhom fil-proċess tat-twaqqif ta' profil ta' tiftix tagħhom. Il-kuntatt jista' jiġi stabbilit, per eżempju, billi jintbagħatu rapporti dwar proprjetà immobbli. Dan iżid il-kwalità tal-kuntatt mal-partijiet interessati li jafu dak li qed ifittxu. Dan inaqqas ukoll l-għadd ta' sussegwenti li wieħed joqgħod jara proprjetà, li mbagħad inaqqas il-perjodu kummerċjalizzazzjoni globali għall-proprjetajiet li jgħaddu senserija.

Wara li x-xerrej jew kerrej potenzjali ikun ra l-proprjetà li titqiegħed, il-kuntratt tax-xiri jew il-kiri jista' jiġi konkluż, bħal fil-kummerċjalizzazzjoni tradizzjonali tal-proprjetà immobbli.

8. Kalkolu Kampjun (Potenzjali) – residenzu u djar okkupati mis-sidien biss (mingħajr appartamenti jew djar jew propjetajiet kummerċjali mingħajr kera)

L-eżempju li ġej se juru biċ-ċar l-potenzjal tal-portal ta' tqabbil tal-proprjetà immobbli.

F'żona ġeografika b'250,000 resident, bħall-belt ta' Mönchengladbach (il-Ġermanja), hemm - mqarrba statistikament - madwar 125,000 dar (2 residenti għal kull dar). Ir-rata medja ta' rilokazzjoni hija madwar 10%. Dan ifisser li 12,500 dar jirrilokaw kull sena. Il-proporzjon ta' ċaqliq ġewwa u jiċċaqilqu 'l barra għal Mönchengladbach mhuwiex meħud in kunsiderazzjoni hawnhekk. Madwar 10,000 dar (80%) ifittxu għal proprjetajiet għall-kiri u madwar 2,500 dar (20%) ifittxu għal proprjetà għall-bejgħ.

Skont ir-rapport tas-suq tal-proprjetà mill-kumitat konsultattiv għall-belt ta' Mönchengladbach, kien hemm 2,613 xiri propjetà immobbli fl-2012. Dan jikkonferma l-għadd imsemmi qabel ta' 2,500 xerrejja potenzjali. Fil-fatt ikun hemm aktar, iżda mhux kull xerrej potenzjali seta' jsib proprjetà ideali tiegħu. In-numru ta' xerrejja potenzjali attwalment interessati - jew, speċifikament, l-għadd ta' profili ta' riċerka - huwa stmat li jkun darbtejn ogħla mir-rata ta' rilokazzjoni medja ta' madwar 10%, jiġifieri 25,000 profili tat-tiftix. Dan jinkludi l-possibbiltà li x-xerrejja potenzjali jkunu stabbilixxew profili ta' tfittxija multipla fil-portal ta' tqabbil tal-proprjetà immobbli.

Huwa wkoll ta' min isemmi li mill-esperjenza, madwar nofs ix-xerrejja u kerrejja potenzjali kollha sa fejn jinstabu l-proprjetà tagħhom billi jaħdmu ma' aġent ta' proprjetà immobbli; li jammontaw għal 6,250 familja.

L-esperjenza mill-passat turi wkoll li mill-inqas 70% tal-familji kollha mfittxija għall-proprjetà immobbli permezz ta' portal tal-proprjetà immobbli fuq l-Internet, li huwa total ta' 8,750 familja (jikkorrispondi għal 17,500 profili tat-tiftix).

Jekk 30% ta' xerrejja potenzjali kollha u l-bejjiegħa, li jfisser 3,750 dar (jew 7,500 profil tat-tiftix) kellhom joħolqu profil ta' tfittxija bil-portal proprjetà immobbli ta' tqabbil (app) għal belt bħal Mönchengladbach, l-aġenti tal-proprjetà immobbli konnessi setgħu joffri proprjetajiet adegwati lil xerrejja potenzjali permezz 1,500 profil tat-tiftix speċifiċi (20%) u għall-kerrejja potenzjali permezz 6,000 profil tat-tiftix speċifiċi (80%).

Dan ifisser li b'tfittxija medja ta' 10 xhur u prezz ta' kampjun ta' EUR 50 għal kull xahar għal kull profil tfittxija mwaqqfa minn xerrejja potenzjali jew kerrejja, hemm potenzjal tal-bejgħ ta' EUR 3,750,000 fis-sena ma' 7,500 profil tat-tiftix għal belt b'250,000 resident.

L-estrapolazzjoni ta' dan għall-Ġermanja kollha b'popolazzjoni aġġustat għall 80,000,000 (80 miljun) resident, dan jirriżulta għal bejgħ potenzjali ta' EUR 1,200,000,000 (EUR 1.2 biljun) fis-sena. Jekk 40% tax-xerrejja jew kerrejja potenzjali mfittxija għall-beni immobbli tagħhom permezz tal-portal ta' tqabbil ta' proprjetà immobbli minflok 30%, il-bejgħ potenzjali se jiżdied għal EUR 1,600,000,000 (EUR 1,6 biljun) fis-sena. Il-potenzjal tal-bejgħ jirreferi biss għall-appartamenti u djar li fihom joqgħodu s-sidien. Kiri u investiment ta' proprjetajiet fis-settur tal-proprjetà immobbli residenzjali u s-settur tal-proprjetà immobbli kummerċjali totali mhumiex inklużi f'dan il-kalkolu ta' potenzjal.

B'madwar 50,000 kumpanij fil-Ġermanja fin-negozju tas-senserija tal-proprjetà immobbli (inkluż aġenziji ta' l-propjetà immobbli, il-kumpaniji tal-kostruzzjoni, il-kummerċjanti ta' proprjetà immobbli, u kumpaniji oħra tal-proprjetà immobbli), madwar 200,000 impjegat u sehem ta' 20% ta' dawn il-50,000 kumpanija jużaw dan it-tqabbil ta' proprjetà immobbli portal b'medja ta' 2 liċenzji, ir-riżultat (applikazzjoni ta' prezz ta' kampjun ta' EUR 300 fix-xahar għal kull liċenzja) il-potenzjal tal-bejgħ ta' EUR 72,000,000 (EUR 72 miljun) fis-sena. Barra minn hekk, jekk il-prenotazzjoni reġjonali tal-profili tat-tiftix lokali hija implimentata, addizzjonali sinifikanti ta' bejgħ potenzjali jista' jiġi ġġenerat, jiddependi fuq id-disinn.

Ma' dan il-potenzjal enormi ta' xerrejja u kerrejja possibbli bi profili ta' tiftix speċifiċi, l-aġenti tal-proprjetà immobbli ma jeħtieġux li jkomplu jaġġornaw id-dejtabejż tagħhom stess - jekk ikollhom waħda - mill-partijiet interessati. Barra minn hekk, in-numru ta' profili ta' riċerka attwali probabbli ħafna jaqbeż in-numru ta' profili ta' riċerka maħluqa minn ħafna aġenti immobbiljarji fid-dejtabejzijiet tagħhom stess.

Jekk dan il-portal innovattiv ta' tqabbil ta' proprjetà immobbli kellu tintuża f'diversi pajjiżi, ix-xerrejja potenzjali mill-Ġermanja jistgħu, pereżempju, joħolqu profil ta' tfittxija għall-appartamenti ta' vkanza fuq il-gżira Mediterranja ta' Majorca (Spanja) u l-aġenti marbuta tal-proprjetà immobbli f'Majorca jistgħu jippreżentaw l-appartamenti ta' tqabbil tagħhom lill-klijenti Ġermaniżi potenzjali tagħhom bil-posta elettronika. Jekk ir-rapporti huma bl-Ispanjol, kerrejja potenzjali jistgħu llum sempliċement jużaw programm traduzzjoni mill-Internet biex malajr jiġi tradott t-test bil-Ġermaniż.

Sabiex tkun tista' timplimenta t-tqabbil ta' profili ta' riċerka l-proprjetajiet disponibbli mingħajr ostakli lingwistiċi, paragun tal-karatteristiċi rispettivi jista' jsir fi ħdan il-portal ta' tqabbil tal-proprjetà reali bbażata fuq il-karatteristiċi programmati (matematiċi), irrispettivament mill-lingwa, u ll-lingwa rilevanti huwa assenjat fl-aħħar.

Meta jintuża l-portal ta' tqabbil ta' proprjetà immobbli fuq il-kontinenti kollha, il-bejgħ potenzjali li ssemma' qabel (għal dawk interessati fit-tfittix biss) estrapolati ħafna sempliċement kieku jidhru kif ġej.

Popolazzjoni globali:

7,500,000,000 (7.5 biljun) Residenti

1. Popolazzjoni fil-pajjiżi industrijalizzati u l-pajjiżi l-aktar industrijalizzati:

   2,000,000,000 (2.0 biljun) Residenti

2. Popolazzjoni fil-pajjiżi emerġenti:

   4,000,000,000 (4.0 biljun) Residenti

3. Popolazzjoni fil-pajjiżi li qed jiżviluppaw:

   1,500,000,000 (1.5 biljun) Residenti

Il-potenzjal tal-bejgħ annwali għall-Ġermanja huwa konvertit u pproġettat bħala EUR 1.2 biljun bi 80 miljun residenti mal-fatturi assunti li ġejjin għall industrijalizzati, emerġenti, u l-pajjiżi li qed jiżviluppaw.

1. Pajjiżi industrijalizzati: 1.0

2. Pajjiżi emerġenti: 0.4

3. Pajjiżi li qegħdin jiżviluppaw: 0.1

Ir-riżultat huwa l-bejgħ potenzjali li ġej (EUR 1.2 biljun x popolazzjoni (industrijalizzati, emerġenti, jew pajjiżi li qed jiżviluppaw) / 80 miljun resident x fattur).

1. Pajjiżi
   industrijalizzati: EUR 30.00 biljun

2. Pajjiżi
   emerġenti: EUR 24.00 biljun

3. Pajjiżi li qegħdin
   jiżviluppaw: EUR 2.25 biljun

   Total: **EUR 56.25 biljun**

9. Konklużjoni

Il-portal illustrat ta' tqabbil ta' proprjetà immobbli joffri vantaġġi sinifikanti għal dawk li jfittxu għal proprjetà immobbli (partijiet interessati) u għall-aġenti tal-proprjetà immobbli.

1. Il-ħin meħtieġ ta' tiftix għal proprjetajiet xierqa jitnaqqas sinifikament għall-partijiet interessati minħabba li jeħtiġilhom biss li jinħoloq darba il-profil ta' tfittxija tagħhom.

2. L-aġent tal-propjetà immobiljari jieħu ħarsa ġenerali tan-numru ta' xerrejja jew kerrejja potenzjali, inkluż informazzjoni dwar il-ħtiġijiet speċifiċi tagħhom (profil tat-tiftix).

3. Il-partijiet interessati jirċievu biss il-proprjetajiet mixtieqa jew mqabbla (ibbażati fuq il-profil tat-tiftix) mill-aġenti kollha tal-proprjetà immobbli (ħafna simili għal preselezzjoni awtomatiku).

4. L-aġenti tal-proprjetà immobbli inaqqsu l-isforz tagħhom biex iżommu d-dejtabejż

tagħhom stess ta' profili ta' tiftix għax bosta profili ta' tfittxija attwali huma disponibbli b'mod permanenti.

5. Peress li fornituri kummerċjali/aġenti tal-proprjetà immobbli biss huma konnessi mal-portal ta' tqabbil tal-proprjetà immobbli, ix-xerrejja jew kerrejja potenzjali jistgħu jaħdmu ma' aġenti tal-proprjetà immobbli ta' esperjenza.

6. L-aġenti tal-proprjetà immobbli inaqqsu n-numru ta' appuntamenti għal wiri tagħhom u l-perjodu ta' kummerċjalizzazzjoni globali. Bi tpattija, l-għadd ta' appuntamenti għal wiri għall-xerrejja jew kerrejja potemzjali jitnaqqas kif ukoll iż-żmien biex jiħi konkluż il-kuntratt tax-xiri jew kiri.

7. Is-sidien tal-proprjetajiet li jinbiegħu jew jinkrew jiffrankaw il-ħin ukoll. Hemm barra minn hekk benefiċċji finanzjarji, biż-żmien vakanti inqas għall-proprjetajiet għall-kiri u l-ħlas tax-xiri aktar kmieni għall-

proprjetajiet għall-bejgħ bħala riżultat ta' kiri jew bejgħ aktar malajr.

Bl-implimentazzjoni ta' dan il-kunċett fit-tqabbil ta' beni immobbli, jista' jinkiseb progress sinifikanti fil senserija tal-proprjetà immobbli.

10. L-integrazzjoni tal-Portal ta' Tqabbil tal-Propjeta Immobbli fis-Softwer il-Ġdid tal-Aġenzija tal-Propjetà Immobbli, Inklużi l-Valutazzjoni tal-Propjetà Immobbli

Bħala kumment finali, il-portal ta' tqabbil ta' proprjetà immobbli deskritt hawn tista' tkun komponent sinifikanti ta' sistema ġdida – soluzzjoni ta' softwer tal-aġenzija ta' proprjetà immobbli mill-bidu nett - idealment globalment disponibbli. Dan ifisser li l-aġenti tal-proprjetà immobbli jistgħu jużaw il-portal ta' tqabbil ta' propjetà flimkien mas-soluzzjonijiet ta' softwer ta' proprjetà immobbli jew is-soluzzjonijiet ta' softwer eżistenti tagħhom tal-aġenzija ta' propjetà immobbli, jew idealment jużaw s-soluzzjoni l-ġodda tas-softwer tal-aġenzija ta' propjetà immobbli inkluż il-portal ta' tqabbil ta' proprjetà immobbli.

Permezz tal-integrazzjoni dan il-portal effiċjenti u innovattiv ta' tqabbil ta' proprjetà immobbli fis-softwer il-ġdid tal-aġenzija ta' propjetà immobbli, punt fundamentali uniku ta' bejgħ għall-softwer tal-aġenzija ta' propjetà immobbli hija maħluqa li se jkun essenzjali għall-penetrazzjoni tas-suq.

Peress li l-valutazzjoni tal-proprjetà immobbli se tibqa' komponent essenzjali tal-aġenzija ta' propjetà immobbli, is-softwer tal-aġenzija ta' propjetà immobbli għandha karatteristika għanda jkolla għodda integrata ta' valutazzjoni tal-proprjetà immobbli. Il-valutazzjoni tal-proprjetà immobbli mal-metodi ta' kalkolu korrispondenti jistgħu jaċċessaw il-parametri tad-dejta rilevanti mill-propjetajiet imdaħħla/salvati mill-aġenzija ta' propjetà immobbli. Bl-istess mod, l-aġent tal-propjetà immobbli jista' jpatti għat-telfa tal-parametri bil-kompetenza tiegħu stess fis-suq reġjonali.

Barra minn hekk, is-softwer tal-aġenzija ta' propjetà immobbli għandhom ikollhom l-għażla li jintegraw zjajjar virtwali ta' proprjetà immobbli ta' proprjetajiet disponibbli. Dan jista' jiġi faċilment implimentat bl-iżvilupp ta' app addizzjonali għat-telefowns ċellulari u/jew tablets li jistgħu jirreġistraw u mbagħad jintegraw jew jinkorporaw it-zjara virtwali tal-proprjetà immobbli - l-aktar awtomatikament - fis-software tal-aġenzija tal-propjetà immobbli.

Jekk il-portal effiċjenti u innovattiv ta' tqabbil proprjetà immobbli ikun inkorporat f'softwer ġdid tal-aġenzija ta' propjetà immobbli flimkien ma' stima tal-proprjetà immobbli, il-potenzjal possibbli ta' bejgħ għal darb'oħra jiżdied b'mod sinifikanti.

Matthias Fiedler
Korschenbroich, 2016/10/31

Matthias Fiedler
Erika-von-Brockdorff-Str. 19
41352 Korschenbroich
Il-Ġermanja
www.matthiasfiedler.net

38

www.ingramcontent.com/pod-product-compliance
Lightning Source LLC
Chambersburg PA
CBHW071529210326
41597CB00018B/2930